# »Der Schatten meines Bruders« im Unterricht

INHALTSANGABE u.1

Der Roman »Der Schatten meines Bruders« von Tom Avery handelt von der elfjährigen Kaia White und der Bearbeitung eines persönlichen Schicksals, das ihr Leben völlig verändert hat.

Kaia führt zunächst ein völlig »normales« Leben. Sie wächst mit ihrem älteren Bruder bei ihrer Mutter auf. Sie hat Freunde und geht wie alle Elfjährigen täglich zur Schule. Sie liest gerne Bücher und bekommt in der Schule auch schon mal Ärger. Doch dann begeht Kaias älterer Bruder Moses Selbstmord, und alles verändert sich. Ihre Mutter bricht unter der Trauer um ihren Sohn mehr und mehr in sich zusammen. Statt für Kaia da zu sein, betäubt sie ihre Emotionen mit Alkohol und verliert wenige Monate nach dem Tod von Moses ihren Job. Kaia hört auf, darüber zu reden, was sie beschäftigt, und verliert so den Kontakt zu ihren Freunden und Mitschülern in der Schule. Bald wird sie von einigen nur noch als »Freak« bezeichnet. Kaia lässt dies still und »erstarrt« über sich ergehen.

Äußerlich verstummt, findet Kaia Monate nach dem Verlust ihres Bruders erste Wege, sich aus dieser »Starre« (vgl. S. 11) zu lösen. Unerwartet taucht in der Schule ein fremder Junge auf. Er ist kein gewöhnlicher Junge. Kaia findet jedoch schnell Interesse an ihm. Sie erinnert sich an das gelbe Notizbuch mit den grauen Seiten, das ihr Lehrer Mr. Wills ihr im Zuge einer Hausaufgabe gegeben hat. Sie beginnt, über den Jungen und ihre eigenen Erlebnisse, Gedanken und Gefühle zu schreiben (vgl. S. 10). Kaia schreibt über die Begegnungen mit ihrem »Engelsbruder«, der in Träumen mit ihr spricht, und versucht, sie aus ihrer Starre zu locken (vgl. S. 18). Mum, Kaias Mutter, und ihre emotionalen Ausbrüche unter Alkohol schildert sie ebenso (vgl. S. 52). In der Schule und gegenüber den Freunden verhält sich Kaia aber immer noch zurückgezogen.

Schließlich kommt es langsam zu einer Veränderung in Kaias Leben. Sie findet ihre Mutter inmitten von Alkohol und Erbrochenem auf. Für die Elfjährige ist dies die beste Gelegenheit, ihrer Mum den Elternbrief für einen Fahrradkurs vorzusetzen. Diese unterschreibt geplagt von Gewissensbissen, ohne zu zögern (vgl. 66–70). In der Schule darf Kaia an einem Schulhof-Gestaltungs-Projekt teilnehmen und zeigt dabei, was in ihr steckt. Ihre Bilder begeistern die Mitstreiter so sehr, dass sie am Tag der besonderen Leistungen der Schule eine Urkunde vom Schuldirektor erhält (vgl. S. 76–82). Ihr wird die Teilnahme am Fahrradkurs zugesichert, ihre Mutter entleert ihre Alkoholflaschen vor Kaias Augen, und Luzie lädt sie zum Spielen ein.

Im Kunstunterricht erfährt sie jedoch einen herben Rückschlag. Poppy findet inmitten von Zeitungen einen Bericht, den sie lautstark vorliest: Er handelt von Moses. Für Kaia bricht in diesem Moment wieder eine Welt zusammen (vgl. S. 97/98). Doch Kaia bleibt mutig und wagt einen weiteren Schritt aus ihrer Starre. Sie stellt das Buch »Bäume Britanniens – ein illustriertes Handbuch« in der Klasse vor. Als sie ihrem Publikum erklärt, welche Bedeutung das Buch für sie hat, erntet sie Beifall (vgl. S. 105–112).

Allmählich wird es Frühling in Kaias Leben. Mum erhält einen neuen Job, und der Fahrradkurs beginnt. Anders als in der Schule fühlt sich Kaia wohl unter Freunden. Am letzten Tag des Fahrradkurses passiert jedoch etwas Unverhofftes. Kaia und der Junge können bei einer steilen Bergabfahrt nicht mehr bremsen und stoßen mit einem Auto zusammen (vgl. S. 126/127). Nach vier Wochen wacht Kaia aus dem Koma auf. Sie erkundigt sich nach dem Wohlergehen des Jungen. Doch alle versichern Kaia, dass sie alleine eingeliefert wurde und es keinen Jungen gibt. Nur ein kleiner Zettel, der in der Bademanteltasche steckt, gibt einen Hinweis darauf, dass der Junge bei ihr war. Auch wenn sie ihren besten Freund nicht einmal verabschiedet hat, so bemerkt Kaia ganz schnell, dass es viele Menschen gibt, für die Kaia wichtig ist. Ihr Krankenzimmer ist geschmückt mit vielen anteilnehmenden Karten und Fotos (vgl. S. 131–139).

Tom Averys Roman besticht durch die atmosphärisch dichte Beschreibung des Innenlebens der Figuren und die durch geschickt eingesetzte Stilmittel erzielte fesselnde Erzählweise. Deshalb ist Averys Geschichte eine außergewöhnliche und glänzend geeignete Klassenlektüre.

DIDAKTISCHES PROFIL DES ROMANS

Um das didaktische Profil des Romans genauer beleuchten zu können, ist es sinnvoll, sich zunächst die verschiedenen Dimensionen des Textes vor Augen zu führen. Dazu ist es notwendig, assimilative mit akkomodativen Aspekten zu verknüpfen. So ist gewährleistet, dass die Schülerinnen und Schüler im Umgang mit der Lektüre auch eigene Zugänge zum Textverständnis und zur Textdeutung finden können.

Die vertrauten, assimilativen und die akkomodativen, eher neuen Aspekte werden im Folgenden tabellarisch zusammengefasst:

Dimension des Textes	Das Vertraute: Möglichkeit zur Assimilation (Leseförderung)	Das Neue: Notwendigkeit zur Akkomodation (literarisches Lernen)
Wirklichkeitsbezug	▶ Realer Umgang mit Tod und Trauer der Protagonistin Kaia White ▶ Auswirkungen des tragischen Vorfalls auf das persönliche Umfeld und die Familie	▶ Empfindungen und Situationen werden subjektiv durch Kaia beschrieben (Innensicht) ▶ Fantastische Elemente: »Junge« und »Engelsbruder«
Thematik	▶ Tod eines Angehörigen ▶ Schulalltag und Unterrichtsinhalte ▶ Freundschaft ▶ Andersartigkeit und Ausgrenzung ▶ Alkoholismus	▶ Verarbeitung von Tod und Trauer durch Rückzug und Sprachlosigkeit bis hin zur persönlichen Wandlung ▶ Wichtigkeit und Bedeutung von Unterricht und Schule versus Verarbeitung von Trauer ▶ Freundschaft in Extremsituationen durch einschneidende Verhaltensänderungen ▶ Empathie
Figuren	▶ Kaia als Identifikationsfigur ▶ Der Junge ▶ Mutter: Herkömmliches Verständnis von Mutterrolle ▶ Moses, der »Engelsbruder«	▶ Kaia flüchtet sich in ihre eigene Welt und gibt diese in ihren Tagebucheinträgen wieder ▶ Der Junge, ein imaginärer Freund? ▶ Kaias Mutter und ihr Umgang mit Schmerz und Trauer: Arbeitslosigkeit, Vernachlässigung, Alkoholismus ▶ Traumfigur »verstorbener Bruder«
Sprache/Stil	▶ Äußere und innere Handlung ▶ Unterteilung in kurze überschaubare Kapitel und Unterkapitel ▶ Kurze Dialoge ▶ Kurze Sätze ▶ Vergleiche und Metaphern eventuell bereits über Umgang mit Gedichten bekannt (poetischer/lyrischer Stil)	▶ Innere Handlung dominiert; Gedanken und Empfindungen Kaias stehen im Vordergrund ▶ Zum Nachdenken anregende Kapitelüberschriften leiten den Leser durch den Roman und regen ihn an, die Sprache und sprachlichen Bilder mit Kaias Situation zu verknüpfen. ▶ Vegleiche und Metaphern helfen, Kaias Perspektiven, Gefühle und Gedanken zu verstehen bzw. sich diesen anzunähern.

Dimension des Textes	Das Vertraute: Möglichkeit zur Assimilation (Leseförderung)	Das Neue: Notwendigkeit zur Akkomodation (literarisches Lernen)
Literarische Formelemente/ Erzählkonzept	▸ Personales Erzählverhalten ▸ Ich-Erzählerin ▸ Handlungsbogen schließt mit einem zuversichtlichen Ende ab	▸ Rückblenden (Die Zeit vor dem Tod des Bruders) ▸ Offenes Ende, wie es für Kaia in den Bereichen Schule, Freunde und Familie weitergeht

»Der Schatten meines Bruders« beinhaltet, wie oben aufgeführt, tragische lebensnahe Themen, die mit großer Sensibilität und Sorgfalt im Unterricht behandelt werden sollten. Anhand der Hauptfigur Kaia, die sich selbst sehr gefühlvoll und authentisch mit der Wende in ihrem Leben auseinandersetzt, bietet dieser Roman didaktische Möglichkeiten, sich den Themen Tod und Verarbeitung von Trauer zu nähern. Die Schüler/innen können sich den schwierigen thematischen Aspekten öffnen, die literarisch sprachlichen Momente des Romans für sich verstehen und nachvollziehen. Die Beschäftigung mit dieser eher tabuisierten Thematik bringt letztlich eine empathische Haltung gegenüber der Protagonistin und im besten Fall auch für die Gedanken und Interpretationen der Mitschüler/innen mit sich.

Da im Roman selbst bereits kreative und produktionsorientierte Inhalte angesprochen und umgesetzt werden (Gedichte schreiben, S. 66; Bilder malen, S. 78 f.), eignet er sich hervorragend, eine produktions- und handlungsorientierte Auseinandersetzung mit dem Inhalt zu verfolgen.

LITERARISCHES PROFIL DES ROMANS . . . . (U.3)

Themen

Tod, Suizid und Trauerarbeit

Im Mittelpunkt des Romans »Der Schatten meines Bruders« steht der selbst gewählte Tod von Kaias älterem Bruder Moses und die sich anschließende Trauerarbeit. Kaias Empfindungen rund um dieses Ereignis und ihre Auswirkungen auf ihre Lebenswelt werden im Roman durch ihre Notizen über Situationen, Gedanken und Gefühle deutlich gemacht. Es wird ein spezifischer Weg aufgezeigt, den ein Mensch nach solch einem tragischen Ereignis gehen kann.

Der »fremde, wilde« Junge

Eine weitere thematische wie literarische Besonderheit, die den Roman auszeichnet, ist die Darstellung des »Jungen«. Er wird lediglich in seinem Erscheinen und seinen Handlungen durch Kaia beschrieben (vgl. S. 18/19 und 27). Er selbst äußert sich zu keinem Zeitpunkt. Es bleibt bis zum Schluss offen, ob er eine reale oder eine imaginäre Figur ist, die nur Kaia wahrnimmt (vgl. S. 37), um ihren Kummer und ihren Schmerz mit ihm teilen zu können. Im Kapitel »Pappmaschee« wird deutlich, dass Kaia genau weiß, was sie von dem Jungen erwarten kann (S. 96, oben): »Ich weiß, dass er nicht sprechen will oder kann.« Aber er ist in dieser Zeit ihr engster Vertrauter (vgl. S. 92/93).

Mutterrolle und Alkoholismus

Kaia beschreibt, welche Auswirkungen der Tod ihres Bruders auf ihr eigenes Leben hat. Neben der eigenen Trauer wird die Beziehung zu ihrer Mutter durch diesen Verlust überschattet. Die Mutter ist nicht mehr in der Lage, ihrer Tochter im Alltag zur Seite zu stehen und ihr bei ihrer Trauerarbeit zu helfen. Stattdessen flüchtet sie sich selbst in Alkohol, um ihre eigenen Schmerzen zu betäuben. Sie ist als Mutter zunächst nicht mehr für Kaia präsent und vernachlässigt ihre Fürsorgepflicht gegenüber ihrer Tochter. Sie verliert sogar ihren Job, da sie nur unregelmäßig zur Arbeit geht (vgl. S. 9 f.). Im Kapitel »Familie« (S. 30 ff.) wird deutlich, dass Kaia die Gespräche mit ihrer Mum vermisst und sie nicht weiß, was in der Mutter vorgeht.

Freundschaft

Dieses Thema wird sehr plastisch aus Kaias Blickwinkel beleuchtet. Durch den Tod des Bruders sind alle ihre Freunde für sie nicht mehr greifbar. Kaia selbst redet mit niemandem über die Vorfälle und darüber, wie sie sich fühlt (vgl. S. 18). Sie beginnt zu erstarren (vgl. S. 11). Ihre ehemaligen Freunde wissen nicht mehr, wie sie an Kaia herankommen sollen. Eine Mitschülerin, Poppy, drückt dies durch körperliche Ablehnung und verbale Beschimpfungen aus (vgl. S. 20). Eine Freundin, Luzie, versucht immer wieder, sich an Kaia anzunähern. Sie lächelt sie an, lädt sie zum Spiel ein und bietet ihr an, zu reden (vgl. S. 98). Der Roman zeigt, wie schwierig es auch in freundschaftlichen Beziehungen sein kann, Trauer zu verstehen und nach einem solchen Ereignis wieder vertraut und unbeschwert miteinander umzugehen.

Anderssein und Ausgrenzung

Kaias Lebenswelt verändert sich von einem Tag auf den anderen so drastisch, dass auch sie anfängt, sich zu verändern. Aus der ehemals »normalen« Schülerin Kaia, die viele Freunde hatte und deren Leben einem »normalen« Alltag folgte, wird ein »Freak« (vgl. S. 20). Sie grenzt sich selbst von den anderen ab, da sie nicht weiß, wie sie nach dem Schicksalsschlag an die Freundschaften anknüpfen soll. Zudem ist sie zu sehr mit ihren eigenen Gefühlen beschäftigt, um sich in ihre Mitmenschen einfühlen und sich diesen annähern zu können. Aus einem lachenden wird ein nachdenkliches, in sich gekehrtes Kind, das versucht, seine neue Situation anzunehmen, und einen Weg sucht, aus dieser Situation wieder herauszufinden.

Erzähltechnik und Stil

In seinem Roman wählt Tom Avery die **Ich-Form** als grundlegende Erzählform. Als wichtige stilistische Besonderheit des Romans wird die Thematik anhand der Protagonistin und Identifikationsfigur Kaia White mittels des **personalen Erzählstils** geschildert. Ihre Perspektive bringt nur das zum Vorschein, was sie selbst erlebt oder empfunden hat. Der Standort des Erzählens ist also unmittelbar mit der Figur Kaia und deren Sicht auf die Dinge verbunden. Die gesamte Erzählung basiert auf der **Innensicht** dieser Figur, die lediglich durch die Dialogbeiträge weiterer Protagonisten ergänzt wird. Mithilfe des **inneren Monologs** legt Tom Avery dem Leser dar, wie sich das Mädchen fühlt, das seinen Bruder vor wenigen Monaten durch einen Selbstmord verloren hat. Der Roman ist im Präteritum verfasst. Diese Erzählzeit schafft im Gegensatz zu dem sehr persönlichen Stilmittel der Innensicht eine zeitliche Distanz zum Erlebten.

Vor dem Hintergrund des schrecklichen Todes von Moses erzählt Tom Avery ausschnitthaft das Leben von Kaia. Ihre Gedanken und Gefühle werden im Roman über einen Zeitraum von ca. einem halben Jahr begleitet (vgl. S. 7 und S. 143). Die Darstellungsform über die Notizbucheinträge ermöglicht es, sowohl aktuelle Ereignisse als auch Vergangenes zu beleuchten. Diese Rückblenden in die Zeit vor dem Selbstmord sowie die Zeit unmittelbar danach bieten dem Leser die Möglichkeit, sich nach und nach ein umfassendes Bild von den Umständen des Todes zu machen (vgl. S. 21/22), der bereits über ein Jahr zurückliegt.

Weitere stilistische Merkmale des Romans sind die vorwiegend kurzen und überschaubaren Kapitel sowie Unterkapitel, die durch die gewählte Sprache sehr tiefgründig auftreten. Die Geschehnisse rund um den Tod des Bruders werden in zehn Kapiteln geschildert, die als sogenannte »Lebensregeln« kurze prägnante Überschriften bieten. Diese zunächst ungewöhnlichen Titel werden für den Leser ebenfalls schrittweise durch die Erläuterungen der Hauptfigur entschlüsselt.

Der Roman ist durch starke sprachliche Bilder geprägt und enthält viele Elemente, die an lyrische Stilmittel angelehnt sind. Der Autor nutzt immer wieder vertraute Bilder, die in Zusammenhang mit Kaias Erlebnissen neue persönliche Bedeutung gewinnen und ihre eigene Gedankenwelt und Gefühle aus ihrer Perspektive darstellen. Anhand der nachfolgenden Beispiele wird dies nochmals verdeutlicht:

- »Der Junge tauchte wie eine Ente unter dem Fensterrahmen ab [...].« Hier wird anhand eines **Vergleichs** beschrieben, wie Kaia das Erscheinen des fremden Jungen wahrnimmt. Der Begriff des »Auf- und Abtauchens« wird in der Umgangssprache auch für das Auftreten und Verlassen des Schauplatzes einer Person verwendet. Im Roman kommt die Bildhaftigkeit durch die Ente hinzu und vermittelt so den individuellen Eindruck der Protagonistin (vgl. S. 7).
- Der Roman beginnt im Winter. Es wird beschrieben, dass Kaia »festgefroren« ist in der Vergangenheit. Wie erstarrt fühlt Kaia sich (vgl. S. 7 und 11). Auch später, als es schon längst Frühling zu werden scheint, werden diese Bilder von Kälte, Eis und Starre immer wieder aufgegriffen, z. B. als Kaia sich bewusst wird, dass sie Gefühle hat und eben kein »Eisklotz« ist (vgl. S. 41). Diese **metaphorische Darstellung** ihrer Situation gewährt dem Leser Anknüpfungspunkte, sich mit der Situation der Protagonistin auseinanderzusetzen.

- **Gegenüberstellungen** von Dingen, die zunächst nichts miteinander zu tun haben, erzeugen beim Leser zunächst Irritation und auch Verwirrung. Dies zeigt sich ganz anschaulich im Kapitel »Kotze und Pfannkuchen« (vgl. S. 66 ff.). Zwei Dinge, die nicht unmittelbar zusammenpassen, lösen Vermutungen aus und werden innerhalb der Schilderungen im Kapitel durch die Geschehnisse auf eine besondere Art miteinander verstrickt. Dem Leser wird klar, welche Bedeutung »Kotze« und »Pfannkuchen« für den Roman haben und in welchem Zusammenhang diese stehen. Er wird durch diese Gegenüberstellungen dazu aufgefordert, sich Fragen zu stellen und sich mit der Thematik auseinanderzusetzen.
- Ähnlich wie in Gedichten fließen Wort- und Satzwiederholungen in den Text mit ein: »Timing ist alles« (vgl. S. 69). – Eine **Anapher**, die den Gehalt des Gemeinten unterstützen soll, wird im Laufe des Romans immer wieder genutzt.

Ein weiterer wichtiger Baustein der Erzähltechnik ist die Art und Weise, wie **Spannung** im Roman erzeugt und dargestellt wird. Die Schilderungen basieren auf den Gedanken und Gefühlen einer Person und sind somit nicht unmittelbar an eine spannungsvolle Erzählweise gekoppelt. Dennoch gelingt es dem Autor, Spannungselemente in den Roman einzubauen. So gibt es verschiedene Spannungsmomente, die für den Verlauf des Romans von Bedeutung sind. Zu unterscheiden sind hier aufgrund der Erzählperspektive Spannungselemente, die durch die Person Kaia und ihre Handlungen erzeugt werden bzw. durch äußere Einflüsse bestimmt sind:

- Beispielhaft für die innere Spannung, die sich bei Kaia abspielt, ist die Situation im Kapitel »Lieblingsbuch« (S. 105 ff.). Hier stellt sich Kaia mutig einer ungewöhnlichen Buchvorstellung, die ihren Mitmenschen viel von sich und den Veränderungen mit ihr und in ihrem Leben nach dem Tod des Bruders preisgibt. Wie die Reaktionen auf diese Vorstellung ausfallen, ist zunächst nicht abzusehen.
- Ein weiteres Spannungselement, das durch die äußere Handlung vorgezeichnet ist, wird durch den Unfall Kaias erzeugt. Hier ist der Leser sich für einen Moment nicht sicher, ob der Roman nun plötzlich endet oder Kaia diese Kollision überlebt (vgl. S. 124 ff.).

Der Spannungsbogen des Romans kreist neben den genannten Elementen außerdem um die Fragen: Wer ist dieser Junge, der da im ersten Kapitel »auftaucht«? Warum hat Kaias Bruder Selbstmord begangen? Wird Kaia den Schmerz und die Trauer bewältigen und ihr Leben wieder freudvoll leben können? Diese Fragen werden innerhalb des Romans jedoch nicht eindeutig und umfassend beantwortet. Vielmehr werden diese Fragen auch vom Autor dazu benutzt, die dargestellten Themen zu hinterfragen und sich als Leser seinen eigenen Standpunkt zu erarbeiten.

DEUTUNGSPERSPEKTIVEN

Der Jugendroman von Tom Avery bietet viele Stellen, die das Deuten förmlich einfordern, um den Inhalt und die Protagonistin Kaia White verstehen zu können.

Die große Fülle an sprachlichen Bildern und Stilmitteln spielt dabei eine zentrale Rolle. Aus Sicht von Kaia sind ihre Äußerungen und Schilderungen Produkt dessen, was sie fühlt und denkt. Für den Leser werden diese Gefühle und Gedanken erst dann nachvollziehbar, wenn er sich in diese hineinversetzt und den Deutungsspielraum, den sprachliche Bilder bieten, ausschöpft. So wird man Kaias Situation nur dann verstehen, wenn man den Roman nicht nur »passiv«, sondern vielmehr aktiv, empathisch liest.

Der innere Monolog und die vorherrschenden spezifisch ausgelegten Empfindungen der Hauptfigur mittels der Innensicht ermöglichen es dem Leser, sich Einblicke zu verschaffen, was in einem trauernden und traumatisierten Menschen vorgeht. Hinzu kommt, dass dies über die Protagonistin mit einer gewissen Distanz zum Thema geschieht. Es wird kaum über die Umstände berichtet, warum es zum tragischen Tod des Bruders kam. Vielmehr liegt der Fokus auf der Verarbeitung der Trauer und der Rückkehr in ein alltägliches Leben.

Die Bedeutungsebene von Wörtern wird auch innerhalb des Romans aufgegriffen. So zeigt die Protagonistin Kaia, dass sie sich durchaus Gedanken über Sprache und das wirklich Gemeinte macht. Beispiele hierzu bieten die Gedanken rund um das Wort »starren« (vgl. S. 12) und den Begriff »gefunden« (vgl. S. 28).

Beide Wörter sind mit einer Bedeutung konnotiert, die sich im Zusammenhang mit Kaias Gedanken aufheben. So hat das Starren für Kaia eine lebensnotwendige Bedeutung. Ohne das Starren würde sie nicht mehr am Leben teilnehmen. Sie beobachtet ihre Umgebung genau und nimmt so ihre Mitmenschen, ihre Umwelt und ihre Probleme wahr.

Dass es eine Freude ist, Verlorengegangenes zu finden, ist eine übliche Reaktion. Kaia verbindet mit dem Wort »gefunden« jedoch etwas Schreckliches, das ihr gesamtes Leben verändert. Sie war es, die ihren Bruder leblos inmitten einer roten Blutlache aufgefunden hat (vgl. S. 27/28).

Diese beiden Beispiele zeigen ganz deutlich, dass sich die Deutung des Romans darauf stützt, das bisher Vertraute aufgrund der Geschehnisse in Kaias Leben zu hinterfragen und Deutungsansätze zu finden, die mit ihren Erlebnissen verknüpft sind.

Solche Anknüpfungspunkte sind im Roman zahlreich angelegt. Dabei spielen auch Begriffe wie »Bäume«, »Wachstum«, »Pflanzen«, »Samen« und »Garten« eine große Bedeutung. Sie stehen im Spannungsfeld zu den Bildern von »Starre«, »festgefroren«, »tiefgefroren« und »Eisklotz«. Die einerseits hoffnungsvollen Bilder, die zeigen, dass Kaia sich wieder ins Leben zurückkämpft, stehen somit den schmerzvollen Situationen gegenüber, die Kaia verarbeiten muss und die ihr den Weg in ein unbeschwertes Leben erschweren. Diese Spannungen werden vom Autor genutzt, um die schwierigen emotionalen Situationen zu ergründen. Sie verdeutlichen, wie komplex es ist, sich nicht den Trauergefühlen hinzugeben, sondern sich aus eigenem Antrieb Stück für Stück aus einer depressiven Stimmungswelt zu befreien, um das eigene Leben wieder lebendig und selbstbestimmt führen zu können.

Im Verlauf des Romans erscheint der Hauptfigur Kaia mehrmals ihr so genannter »Engelsbruder«. Dieser ist ein Abbild des realen Bruders Moses. Allerdings trägt er Flügel und offene Wunden an seinen Handgelenken. Dieser Engelsbruder ist es jedoch, der mit ihr ins Gespräch kommt und Kaia deutlich zeigt, wohin ihr Weg gehen muss. Er gibt ihr Kraft und Mut, sich ihren Sorgen und Ängsten zu stellen. So findet Kaia nach und nach wieder Anschluss an die reale Welt. Sie nimmt am Klassenausflug teil, darf das Graffitiprojekt mit umsetzen und erhält die Teilnahme am Fahrradkurs zugesichert. Das hat sie nicht nur Moses, dem Engelsbruder, zu verdanken, sondern auch ihren eigenen Bemühungen, wieder ein normales Leben zu führen.

(u.5) METHODENKISTE

Die folgende »Methodenkiste« ist als Ideen-Pool zur Planung einer Unterrichtseinheit zum Roman »Schatten meines Bruders« gedacht. Sie verbindet anzustrebende Kompetenzen im Deutschunterricht mit möglichen Textumgangsweisen in einem Unterricht zum Roman. Dabei beziehen wir uns auf die von der Kultusministerkonferenz (KMK) verabschiedeten »Bildungsstandards für das Fach Deutsch für den Mittleren Bildungsabschluss«, die die verbindliche Grundlage für alle in den Ländern zu entwickelnden Lehr- und Bildungspläne in der Sekundarstufe I darstellen.

In der rechten Spalte geben wir jeweils mögliche Beispiele für eine konkrete Umsetzung im Unterricht. Hier finden sich auch Verweise zu den Kopiervorlagen und Infoblättern in diesem Heft. Zahlreiche methodische Möglichkeiten sprechen mehrere Bildungsstandards an. Wir haben uns zum Zwecke der Übersichtlichkeit jeweils für einen Bildungsstandard des Bereiches 3.3 (»Lesen – mit Texten und Medien umgehen«) entschieden. Häufig lassen sich auch evidente Bezüge zu den Bildungsstandards der anderen Bereiche herstellen.

Darüber hinaus stehen die vorgeschlagenen Methoden in Verbindung mit einem fächerübergreifenden Ansatz (v. a. mit Biologie, Ethik, Religion oder anderen Fächern), den Sie je nach Klassensituation, Vorwissen und Interessen der Schüler/innen modifizieren können.

Bildungsstandards	Methoden	Beispiele
→ Verschiedene Lesetechniken beherrschen		
• Über grundlegende Lesefertigkeiten verfügen: flüssig, sinnbezogen, überfliegend, selektiv, navigierend lesen	• Ein Kapitel oder eine besonders bedeutsame Stelle unter einem bestimmten Gesichtspunkt (z. B. persönliche Vorliebe, besonderer Erzählstil oder Inhalt) aussuchen, den gestaltenden Lesevortrag vorbereiten und üben	• Lesevortrag zu Kaias Lieblingsbuch (S. 105–110)
	• Einen Textausschnitt mit verteilten Rollen lesen	• Gespräch zwischen Engelsbruder Moses und Kaia (S. 99–100)
	• Bestimmte Textstellen auffinden	• Kaia fühlt sich glücklich; Belege im Text finden (S. 121–127) → k.11
→ Strategien zum Leseverstehen kennen und anwenden		
• Leseerwartungen und -erfahrungen bewusst nutzen	• Anhand des Buchcovers Vermutungen zum Romaninhalt und Assoziationen zu Titel und Titelbild formulieren	• Was könnte das Wort »Schatten« in Zusammenhang mit dem Bruder bedeuten? • Schattenbild eines Baumes mit einer Figur, die daran lehnt • Grüne Blätter
• Textschemata erfassen, z. B. Aufbau des Textes, wiederkehrende sprachliche Strukturen	• Zusammenfassende Überschriften zu Kapiteln finden	• Alternative Überschriften zu den Lebensregeln finden
	• Textabfolge rekonstruieren	• Die einzelnen Geschehnisse zum Tod des Bruders und zu den aktuellen Ereignissen (z. B. rund um den Jungen) in einem Schaubild festhalten • Zu Kapitel 8 Textstellen ergänzen und chronologisch ordnen → k.11
	• Zwischenüberschriften innerhalb eines Kapitels formulieren	• Gegebene Zwischenüberschriften überdenken
	• Bezüge zwischen Textteilen herstellen	• Textstellen »Auftauen ist ein langsamer Prozess« zu Beginn und am Ende des Kapitels »Pappmaschee« vergleichen (S. 94–98)
• Verfahren zur Textaufnahme kennen und nutzen	• Spannungs- bzw. Stimmungsbogen des Romans oder eines Kapitels grafisch darstellen	• Kaias Stimmung anhand einer Stimmungskurve (Skala 1–10) im Verlauf des Romans darstellen
	• Aussagen erklären und konkretisieren	• Beispiel: »Du musst wachsen«: Was meint Kaias Bruder damit? (S. 63/64) → k.6 • Metaphern deuten »Ein Löwe unter Hyänen« → k.2
	• Texte und Textabschnitte zusammenfassen	• »Der Tag, an dem ich verrückt wurde« – eine Zusammenfassung schreiben (S. 21/22)
→ Literarische Texte verstehen und nutzen		
• Ein Spektrum angemessener Werke – auch Jugendliteratur – bedeutender Autorinnen und Autoren kennen	• Weitere erfolgreiche Jugendbücher zum Thema »Trauer und Tod« lesen	• Beispiel: Jenny Dohnham: Bevor ich sterbe
• Zusammenhänge zwischen Text, Entstehungszeit und Leben des Autors bei der Arbeit an Texten aus Gegenwart und Vergangenheit herstellen	• Mit dem Autor in Brief- oder E-Mail-Kontakt treten	• Über die Homepage des Autors (s. u.)
	• Zu Leben und Werk des Autors recherchieren	• http://tomaveryauthor.com → i.3
• Zentrale Inhalte erschließen	• Ein den Text erschließendes Unterrichtsgespräch führen	• Gedicht »Jetzt wächst sie« analysieren und in den Kontext von Kaias aktueller Lage stellen → k.6
• Wesentliche Elemente eines Textes erfassen, z. B. Figuren, Raum- und Zeitdarstellung, Konfliktverlauf	• Eine Figurenkonstellation/ein Soziogramm erarbeiten	• Alle Figuren eines Romans nach bestimmten Aspekten in einer Skizze in Beziehung zueinander setzen • Am Beispiel Kaias die persönliche Nähe der Figuren zu ihr selbst zu Beginn und am Ende des Romans darstellen
	• Figuren charakterisieren	• Anhaltspunkte zu Kaias Person im Text aufspüren und ihren Chrakter dadurch näher beschreiben

Bildungsstandards	Methoden	Beispiele
• Wesentliche Elemente eines Textes erfassen (Forts.)	• Einen Handlungsstrang mit eigenen Worten beschreiben	• Einordnung der Geschehnisse in die Vergangenheit Kaias und die beschriebene Gegenwart → k.3
	• Den Konfliktverlauf zwischen Figuren grafisch bzw. verbal darstellen	• Poppy und Kaia (z. B. S. 20, 54/55, 88/89, 96–98, 111) • Luzie und Kaia (z. B. S. 55/56, 58, 98) → k.5
• Wesentliche Fachbegriffe zur Erschließung von Literatur kennen und anwenden	• Die Erzählperspektive wechseln: eine Textstelle aus anderer Perspektive erzählen	• Shadids Eindrücke von Kaias Malkünsten – die Textstelle aus seiner Sicht umschreiben (vgl. S. 76–82)
	• Einen inneren Monolog einer Figur schreiben	• Luzies Gedanken über ihre Freundin Kaia und deren Situation
	• Sprachliche Bilder, Metaphern und Symbole erkennen und über ihre Leistungen diskutieren	• S. 22: »Schlüssel brennt wie Eis auf meiner Haut« • S. 38: »Ich bin bloß festgefroren, erstarrt.« • S. 64: »Du wächst hier drin.« • S. 64–66: Unterrichtsinhalt Metaphern und Vergleiche; ein Gedicht mit Vergleichen verstehen • S. 89: »Ich schwebte nach Hause.« • S. 119: »8. Lebensregel: Pflanze Samen ein.« → k.7
• Eigene Deutungen des Textes entwickeln, am Text belegen und sich mit anderen darüber verständigen	• Ein fiktives Interview mit einer Hauptfigur führen	• Überlege dir, was du Kaia fragen möchtest, und schreibe die Fragen auf. Was könnte sie antworten?
	• Den Spannungsbogen des Romans grafisch darstellen	• Spannende Momente des Romans aufspüren und in einem Schaubild für jedes Kapitel notieren
	• Eine Gesprächsszene zwischen zwei Figuren vorbereiten und spielen	• Gespräch/Dialog zwischen dem Jungen und Kaia aufschreiben. Textteile ergänzen/entwickeln → k.2
• Analytische Methoden anwenden	• Arbeitsergebnisse der Schüler/innen untereinander vergleichen	• Erklärungen zu Textaussagen vergleichen; z. B. zum Gedicht »Jetzt wächst sie« → k.6
	• Eine gemeinsame Reflexion zur Lektüre durchführen	• Darstellen, welche Elemente des Romans gut verständlich sind und welche noch Fragen offen lassen
• Produktive Methoden anwenden	• Eine Vorgeschichte erzählen lassen	• Die Zeit vor Moses Tod schriftlich schildern → k.3
	• Einen Brief an eine Hauptfigur schreiben	• Eine Postkarte an Kaia im Krankenhaus verfassen → k.11
	• Ein Gedicht passend zum Text oder zu einer Textstelle schreiben	• Angelehnt an das Gedicht von Kaia »Jetzt wächst sie« ein eigenes Gedicht verfassen
	• Einen Zeitungsbericht schreiben	• Einen Zeitungsbericht zu den Fakten rund um Moses Tod verfassen (vgl. S. 97) → k.9
	• Ein Kapitel szenisch interpretieren	• Kaia freut sich, dass sie am Fahrradkurs teilnehmen darf (S. 87–92)
	• Eine Text-Bild-Collage erstellen	• Bildcollage zum Thema: Was bedeutet Schule für mich? → k.8
	• Die Geschichte weiterdenken und -schreiben	• Ein Jahr später: Einen weiteren Notizbucheintrag Kaias verfassen → k.12
	• Einen Handlungsort zeichnen	• Schulgarten zeichnen • Zweitliebste Bank Kaias darstellen
• Handlungen, Verhaltensweisen und Verhaltensmotive bewerten	• Sympathie/Antipathie zu den Figuren thematisieren	• Kaia als Identifikationsfigur: Kannst du dich in ihre Welt eindenken und verstehen, wie sie sich fühlt? • Warum bezeichnet Poppy Kaia als Freak? → k.2
	• Über Handlungen von Figuren diskutieren	• Welche Rolle spielt der Junge im Roman? Ist er wirklich Kaias bester Freund?

»Der Schatten meines Bruders« im Unterricht © Beltz Verlag · Weinheim und Basel

Bildungsstandards	Methoden	Beispiele
→ Medien verstehen und nutzen		
• Informationsmöglichkeiten nutzen	• Im Internet zu Themen des Romans recherchieren	• Trauer → k.4 • Suizid • Alkoholismus • Bäume und Baumarten • Schulgarten

VORSCHLAG FÜR EINE UNTERRICHTSEINHEIT u.b

Für den Einsatz des Romans im Unterricht sind folgende Module und Wege der Annäherung an die Themen, die Sprache und die Figuren denkbar. Entscheidungsgrundlage für die nachfolgend aufgezeigte Vorgehensweise ist der Themenschwerpunkt »Trauer«, der eine sensible und vorbereitende Herangehensweise impliziert. Innerhalb der Module finden sich ebenfalls mehrere Ansätze, den Umgang mit der Lektüre zu verfolgen. Es ist sowohl bei den Modulen als auch bei den spezifischen Vorschlägen möglich, eine Auswahl zu treffen oder verschiedene Punkte miteinander in Beziehung zu setzen.

Das Potenzial des Romans liegt vor allem in seinem großen sprachlichen Angebot, sich mit Literatur auseinanderzusetzen. Neben diesen literarisch-kreativen Ansätzen bietet er jedoch auch kreativ-produktionsorientierte Ansätze, die bis in den künstlerisch-gestalterischen Bereich hineingehen können.

Modul A: Einstiegssequenz

- Eigehende Auseinandersetzung mit dem Titel, dem Cover und einigen Pressestimmen zum Buch
- Fragen an das Buch stellen
- Vorhersagen treffen, um was es in dem Roman gehen könnte
- Erste Kontaktaufnahme mit den Inhalten des Romans – Pressestimmen
- Eigene Meinung zum Inhalt äußern
- Eigene Erfahrungen zu den thematischen Aspekten hinterfragen
- Zeilometer erstellen → k.1

Modul B: Lesen und Erarbeiten des Romans

- Ein eigenes Lesetagebuch führen: schwierige Begriffe und sprachliche Bilder festhalten, um sie später hinterfragen und bearbeiten zu können
- Gemeinsames Lesen ausgewählter Textstellen des Romans: Lesevortrag üben, direkt Fragen zum Verständnis klären
- Weitere Bücher zu diesem Thema lesen und Vergleiche ziehen

Modul C: Handlungs- und produktionsorientierte Sequenz

- Inhalte zueinander in Beziehung setzen: »Bäume und Wachstum« mit »erstarrt und tiefgefroren sein«
- Beziehung Mutter – Tochter überdenken: So sollte eine Mutter sein – so ist Kaias Mutter
- Anhand der Kopiervorlagen weitere ausgewählte thematische Aspekte des Romans aufarbeiten → k.2–k.13

Modul D: Reflexion des Romans

- Kreative-produktive Verarbeitung der Inhalte rund um den Roman:
  - Freundschaftsbilder »zeichnen«
  - Collage zum Thema Trauer
  - Ein eigenes Gedicht verfassen zu Themen wie Freundschaft, Trauer oder Mut
- Ausstellung der Ergebnisse organisieren
- Fragen, die zu Beginn gestellt wurden, erneut betrachten und gegebenenfalls beantworten
- Abschließende Bewertung der Lektüre

(i) Infoblätter

© privat

(i.1) ZUM AUTOR TOM AVERY

Tom Avery ist in London geboren und dort in einer Großfamilie aufgewachsen. Er arbeitete als Lehrer in London und Birmingham. Dadurch hatte er Kontakt zu Schülern, die in schwierigen Verhältnissen und desolaten sozialen Milieus aufwachsen.

Parallel zu seiner Arbeit als Lehrer begann er zu schreiben. Im Jahr 2010 erschien sein erstes Buch »Too much trouble«, das mit dem »Diverse Voices Children's Book Award« ausgezeichnet wurde. »Der Schatten meines Bruders« ist Tom Averys drittes

Buch. Es wurde in Deutschland mit dem »LUCHS des Monats Juli 2014« (Die Zeit/Radio Bremen) sowie mit dem Preis »Die besten 7 Bücher für junge Leser« (Deutschlandfunk 2014) ausgezeichnet.

Tom Avery lebt heute mit seiner Frau und seinen beiden Söhnen in Amsterdam.

Weitere Informationen zum Autor sind auf seiner Homepage unter http://tomaveryauthor.com zu finden.

(i.2) PRESSESTIMMEN ZUM ROMAN

»Tom Avery verbindet auf geschickte Weise realistische und fantastische Elemente miteinander. Oft weiß man nicht genau, ob Kaia nur träumt und was sie wirklich erlebt. Selbst ob es den fremden Jungen tatsächlich gibt, lässt die Geschichte offen. Auch sprachlich arbeitet Avery mit Gegensätzen. Mal ist der Ton hart und direkt, dann wieder zart und einfühlsam. Der Autor selbst ist Lehrer und arbeitet in London mit Schülern aus sogenannten ›schwierigen Verhältnissen‹. Die Idee zu seinem Buch bekam er durch ein Kind aus seiner Klasse, das ebenfalls ein Geschwisterkind verloren hatte. Dieser persönliche Bezug macht die Geschichte besonders, ›man spürt, hier schreibt jemand über etwas, das ihm nahe ist, mit dem er sich auskennt‹, urteilt LUCHS-Jurymitglied Hartmut El Kurdi.«
www.zeit-verlagsgruppe.de/presse/2014/07/ luchs-preis-juli-fuer-tom-avery-der-schatten-meines-bruders/

»Eine Geschichte über den Tod und das Weiterleben – hart und einfühlsam zugleich.«
DIE ZEIT

»Ein sprachlich wunderschönes Buch, das die Seele berührt.«
BuchMarkt

»Tom Avery führt sprachlich großartig durch eine schwierige Lebensphase.«
Angelika Brecht-Levy, Frankfurter Neue Presse

»[...] eine berührende Geschichte über Trauer [...]«
Ute Wegmann, Deutschlandfunk

»Das Buch berührt das Herz von Zeile zu Zeile.«
lizzynet

»War ich zunächst ein wenig skeptisch, so möchte ich dieses Buch doch sehr empfehlen, nicht nur für Lesende ab 12 Jahren, sondern auch für Lehrkräfte und SozialpädagogInnen.«
Marie-Thérèse Schins, 1000 und 1 Buch

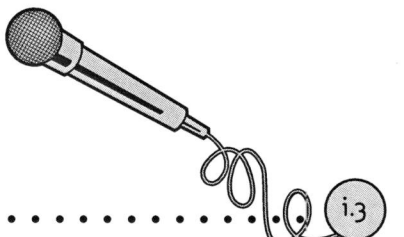

INTERVIEW MIT TOM AVERY:
»AM ANFANG WAR DER JUNGE FÜR MICH REAL« i.3

Tom Avery über seine Idee zum Roman, seinen schwierigen Schreibprozess und seine Lieblingsstelle.

? Herr Avery, haben Sie eigentlich einen Lieblingsbaum?

Mein Lieblingsbaum ist die Silberbirke. Ich liebe ihre weiße Rinde. Und natürlich liebe ich ihren botanischen Namen *betula pendula*.

? Wie entstand die Idee zu »Der Schatten meines Bruders«?

Sie kam aus zwei Quellen. Ich habe mit einem Kind gearbeitet, das ein Geschwisterkind verloren hat und dessen Familie sich schwertat, mit diesem schrecklichen Ereignis fertigzuwerden. Hier stammt Kaia her. Wie im Buch erschien der Junge wie aus dem Nichts, er war einfach eines Tages da. Er tauchte einfach in meinem Kopf auf, wild und mit starrem Blick.

? Können Sie uns mehr über den Schreibprozess erzählen? Wie lange haben Sie an dem Roman gearbeitet? Wie oft haben Sie das Manuskript überarbeitet?

Schreiben ist bekanntlich ein zeitraubender Zeitvertreib. Von der ersten Idee bis zum fertigen ersten Entwurf dauert es bei mir meist vier bis sechs Monate, und »Der Schatten meines Bruders« brauchte ähnlich lang. In dieser Zeit des Schreibens und Umschreibens forme ich die anfänglichen Ideen zu etwas, das meinem Agenten und Verleger unter die Augen treten kann.

Danach vergehen immer noch Monate mit Neuentwürfen und Umarbeiten. Die unbezahlbaren Profis bei meinem Verleger helfen, das Buch zu einem fertigen Produkt zu machen, das in der Buchhandlung im Regal steht.

? Das Thema des Romans ist ja ziemlich traurig. War das Schreiben für Sie daher eine eher traurige oder fröhliche Reise?

Das Kind, mit dem ich gearbeitet habe und aus dessen Geschichte die von Kaia geformt ist, hat mich ziemlich betroffen gemacht. Daher war es eine Herausforderung, darüber zu schreiben, eine Herausforderung, ihre emotionale Reise zu durchdenken. Gleichzeitig wollte ich Hoffnung vermitteln. Ich wollte einen Ausweg für Kaia und alle, die das gleiche Schicksal haben, zeigen. Über Hoffnung schreiben kann nur froh machen.

? Sie haben die Geschichte aus der Perspektive eines Ich-Erzählers geschrieben. Hatten Sie auch erwogen, in der dritten Person zu erzählen?

Nein. Kaias Stimme war immer so stark. Sie hatte eine Geschichte zu erzählen, und es gab nur eine Art, das zu tun.

? Der Roman enthält viele Metaphern und Symbole. Kommen diese Elemente spontan oder sind sie geplant?

Die Metaphern, die sich durch den Roman ziehen, der Wechsel der Jahreszeiten und das Auftauen von Kaias Leben haben ein wenig Nachdenken und Planung erfordert. Ich wollte ihre Veränderung und langsame Erwärmung bedeutsam, aber ungekünstelt gestalten. Aber andere Metaphern und Symbole kamen beim Schreibprozess hinzu. Ich plane nicht zu viel. Ich schaue lieber, wohin mich die Geschichte führt.

? Welche Lieblingsstelle haben sie?

Ich liebe die Zärtlichkeit, mit der die Mutter am Ende der Geschichte erscheint. Ich stelle mir gern vor, dass sich die Mutter wieder um Kaia kümmern kann. Kaia war so lang allein, und kein Kind sollte so lange sich selbst überlassen sein.

? Haben Sie eine Lieblingsfigur?

Kaia, ohne Zweifel.

? Sicher sind viele Leser neugierig, ob der Junge wirklich existiert. Was würden Sie ihnen sagen?

Das ist eine große Frage. War er real? Wenn Sie mir erlauben, werde ich kurz philosophisch und frage Sie: Was ist real? Wenn wir uns entscheiden, dass Realität etwas ist, das wir gemeinsam haben, etwas, auf das wir uns einigen können, dann müssen wir sagen, dass der Junge nicht real war. Wenn Realität eine persönliche Erfahrung ist, dann würden wir sagen, dass für Kaia der Junge höchstwahrscheinlich real war.

Für mich als Autor war er zu Beginn des Schreibens real. Eigentlich habe ich mit der Frage begonnen, was passieren würde, wenn ein wildes Kind (also ein Kind, das in der Wildnis aufgewachsen ist) in einer Londoner Grundschule landen würde. Aber als die Geschichte weiter ging, bemerkte ich, dass nur Kaia mit ihm kommunizierte und dass er nur Kaia etwas bedeutete. Am Ende war er für mich nicht real. Aber dann wiederum: Was ist mit dem Blatt im Bademantel?

 Hatten Sie von Anfang an das Ende geplant?

Normalerweise schreibe ich oder plane ich im Kopf die Schlussszene ziemlich früh. Ganz am Anfang wusste ich schon, dass der Junge weggehen würde. Es ist etwas Besonderes an einer flüchtigen und dennoch intensiven Beziehung. Ich wusste auch, dass die Mutter sich ändern musste und wieder eine richtige Mutter werden musste. Viele, und damit meine ich fast alle, Kinderbücher funktionieren, weil Eltern, aus welchem Grund auch immer, abwesend sind. Wenn Mütter, Väter, Bezugspersonen wieder auftauchen oder ihre Rolle annehmen, signalisiert das das Ende der Geschichte.

Der Unfall war nicht meine Idee. Ich habe einer Gruppe Kinder aus dem Buch vorgelesen, während ich es schrieb, und eines der Kinder meinte aus Spaß, wie ich meine, die Geschichte bräuchte einen Autounfall. Ich wusste, dass sie Recht hatte, auch wenn es nur ein Witz war. Kaia ging es besser, aber ihre Mutter musste geschüttelt werden, um aus ihrer Tragödie erwachen zu können.

 Wie würden Sie Ihr Buch gern in der Schule sehen?

Zuerst gelesen. Dann geteilt. Ich hoffe, es ist die Art Buch, die manche ganz persönlich, aber auch allgemein anspricht. Tod ist etwas, womit wir leben, und etwas, worüber Kinder sprechen sollten. Es wäre schön, wenn das Buch die Kinder zum Nachdenken anregen würde über die, die sie umgeben, über die, die anders sind, die, die sich schwertun und verletzlich sind, wie Kaia.

 Wie haben Sie den Titel ausgewählt?

Ich kann mich ehrlich gesagt nicht erinnern. Aber ich glaube, er war schon immer da. Ich habe ihn nie geändert.

 Dürfen wir uns über weitere Bücher von Ihnen freuen? Woran arbeiten Sie gerade?

Ich bin sehr begeistert von meinem nächsten Buch. Es hat einen ganz anderen Hintergrund als meine bisherigen Bücher. Es spielt am Meer, das eine wichtige Rolle in der Geschichte spielt. Es folgt »Star Trek« besessenen Zwillingsbrüdern und einem mysteriösen Eindringling in ihr Leben. Ich freue mich darauf, dass Leute das Buch zu Gesicht bekommen und lesen.

Herr Avery, vielen Dank für das Gespräch!

Interview: Daniela Sturm, Marc Böhmann (Juni 2015)
Übersetzung: Regine Schäfer-Munro

TABELLARISCHE KAPITELÜBERSICHT

Kapitel	Seite	Inhalt
Ankunft	7–8	Der Junge taucht in der Schule auf. Kaia mustert ihn genau und beschreibt interessiert sein Aussehen.
Ein tiefgefrorenes Mädchen	9–13	Mr. Wills, Kaias Klassen- und Englischlehrer, motiviert die Schüler/innen dazu, ein Ferientagebuch zu erstellen. Kaia wusste bis zum Auftauchen des Jungen nicht, was sie schreiben sollte. Nun gibt es jemanden, über den sie berichten kann. So beschreibt Kaia, wie sie sich fühlt. Sie scheint in der Vergangenheit festgefroren zu sein. Alles war anders davor. Ihr Bruder hat Regeln aufgestellt, sogenannte Lebensregeln.

1. Lebensregel

Kapitel	Seite	Inhalt
Mein Bruder, der Engel	17–18	Kaia erscheint ihr Bruder Moses im Traum mit Flügeln. Er äußert, dass sie sich Sorgen um sich selbst machen soll. Kaia macht sich seit neun Monaten und zwölf Tagen jedoch Sorgen um alles andere, z. B. die Schule, dumme Typen, die wie Hyänen gackern, um Mum und den Alkohol, Geld.
Wilder Kerl	18–21	Kaia bekommt mit, wie der Junge von Dev, einem Mitschüler »Wilder« genannt wird. Sie selbst findet es gut, dass der Junge ungestüm wie ein wildes Tier ist. Kaia schreibt in der Pause in ihr Notizheft, obwohl sie keine Hefte mit nach draußen nehmen dürfen. Poppy erwischt sie dabei und zieht ihr an den Haaren. Doch Kaia rührt sich nicht. Danach spricht Kaia das erste Mal mit dem Jungen, bekommt aber keine Antwort.
Der Tag, an dem ich verrückt wurde	21–22	»Auf Immerwiedersehen«, das waren die letzten Worte, die Kaias Bruder sagte, bevor alles sich veränderte. Kaia ging an diesem Tag wie immer zur Schule, saß im Unterricht, lachte und spielte mit ihren Freundinnen. Sogar Mr. Wills bezeichnete Kaia als »aufgeweckt«. Am Ende des Schultags läuft sie mit Luzie und Shadid nach Hause. Als sie zu Hause ankommt, ist nichts mehr wie immer. In ihrer Erinnerung ist alles schräg. Sie findet ihren Bruder inmitten von Blut.
Anpassen	23–27	Mit dem Jungen spricht niemand. Es wird jedoch über ihn getuschelt. In der Leseecke bezeichnen Poppy und Dev den Jungen als »Irren«. Luzie bezieht Stellung und fordert, dass alle mit einbezogen werden sollen, auch wenn sie anders sind. Kaia beobachtet gerne, wie der Junge sich zwischen den anderen bewegt und verhält. Sie ist fasziniert davon, wie er an ihnen vorbeistreunt. An diesem Tag setzt sich der Junge neben Kaia auf die Bank und starrt mit ihr gemeinsam in die Baumkrone und den Himmel. Harry notiert sich alles.
Stumme Gespräche	27–30	Manchmal war Kaia mit dabei, wenn es Ärger gab. Sie kann sich jedoch nicht mehr daran erinnern, wann dies das letzte Mal war. Der Grund ist für Kaia klar: Nachdem sie ihren Bruder gefunden hatte, konnte sie nicht mehr reden. Kaia macht sich Gedanken über das Wort »gefunden«. Für sie hat es eine schreckliche Bedeutung. In der Klasse sitzt der Junge nun neben Kaia.
Familie	30–34	Mit der Hausaufgabe, man solle Mitglieder der Familie zum Beruf befragen, wird Kaia einiges klar. Sie hat nur noch ein Familienmitglied: ihre Mum. Kaia stellt fest, dass sie und Mum nicht mehr miteinander reden. Vielmehr unterhalten sie sich nur noch. Sie findet gegenüber Mr. Wills keine Erklärung dafür, dass sie die Hausaufgaben nicht gemacht hat, da sie ihm die Wahrheit über ihre Mum nicht sagen möchte. Kaia erklärt dafür dem Jungen, wie sehr sie ihre Familie vermisst, der sie sich anvertrauen kann.

2. Lebensregel

Kapitel	Seite	Inhalt
Entschuldigungen	37–44	Kaia erzählt dem Jungen in der Caféteria, dass Mr. Wills sie nicht mag. Währenddessen schnipst der Junge Erbsen von Kaias Teller und trifft damit unter anderem Mr. Wills an der Schläfe. Der schickt Kaia in den Auszeitraum. Kaia verteidigt sich nicht, sie möchte nicht, dass der Junge Ärger bekommt. Stattdessen lässt sie sich von Harry belehren und auffordern, sich ordentlich bei Mr. Wills zu entschuldigen. Unter Tränen entschuldigt sie sich bei ihrem Lehrer und bemerkt, dass sie kein Eisklotz ist. In der Leseecke gibt Kaia einen Aufschrei von sich, als Poppy sie erneut als einen Freak bezeichnet.

Kapitel	Seite	Inhalt
Hobbys	44–48	Während eines Spaziergangs mit dem Jungen erklärt Kaia, dass sie kein Freak ist und wie sie und ihr Bruder die Parks genannt hatten, in denen sie sich aufhielten: Speicherpark, Großpark, Das Feld, Quetschpark, Kreispark. Kaia entdeckt, dass ihre Mum ein neues Hobby hat. Sie zerschmettert das Geschirr. Kaia weint und hört sich an, wie ihre Mutter lallend zu ihr spricht. In ihrem Zimmer stellt sie sich die Frage, ob ihre Narben ähnlich wie bei Bäumen mitwachsen …

3. Lebensregel

Kapitel	Seite	Inhalt
Klassenausflug	51–56	Nachdem Mr. Wills das Verschwinden des Anmeldezettels zum Klassenausflug mit Kaia geregelt hat, kommt Freude bei Kaia auf. Am Wandertag ist sie schon früh in der Schule und hilft der Schulgärtnerin Jo im Garten. Dabei wird Kaia klar, dass sie nach dem zehnmonatigen Winter den Frühling herbeisehnt. Auf der Fahrt stichelt Poppy und macht sich über den Jungen lustig. Das macht Kaia wütend, und sie greift ein. Luzie setzt sich neben Kaia und versucht, mit ihr zu reden.
Unvollkommenheiten	56–60	Kaia berichtet, was rund um die Beerdigung geschehen ist. Sie weiß noch genau, wie Mum wie ein Baum dastand und die Trauerfeier an einem Dienstag stattfand, da sie währenddessen an den Schwimmunterricht denken musste. Jeder verspricht, dass er für sie da ist. Doch nach der Beerdigung sind alle wieder weg. Kaia erkennt im Museum in der Abteilung für islamische Kunst, dass Menschen nicht perfekt sind und jeder seine Fehler hat.

4. Lebensregel

Kapitel	Seite	Inhalt
Wachsen	63–66	Ein weiteres Mal begegnet Kaia ihrem Engelsbruder Moses. Er erkennt, dass Kaia gewachsen ist. In der Schule lernt die Klasse bei Mr. Wills, was Metaphern und Vergleiche sind. Doch Kaia kann sich nicht konzentrieren. Am Nachmittag schreibt sie jedoch mit Harry ein Gedicht: »Jetzt wächst sie«.
Kotze und Pfannkuchen	66–70	Kaia findet ihre Mutter inmitten einer zerbrochenen Flasche auf dem Boden liegend. Kaia hilft ihr auf, versorgt sie mit Wasser und wäscht sie. Kaia stellt gegenüber ihrer Mum klar, dass sie etwas ändern muss. Als Mum wieder wach ist, entschuldigt sie sich. Es gibt Pfannkuchen, und Kaia holt sich die Erlaubnis, am Fahrradkurs teilzunehmen.

5. Lebensregel

Kapitel	Seite	Inhalt
Tagtraum	73–75	Kaia hatte zum Geburtstag von Moses ein Fahrrad **und** ein dickes Buch über die »Bäume Britanniens – ein illustriertes Handbuch« geschenkt bekommen. Bevor Mr. Wills die Erlaubnis gibt, dass Kaia am Fahrradkurs teilnimmt, möchte er mit Harry sprechen. Dieser kennt Kaia, da sie gemeinsam Bilder malen, reden und Gedichte schreiben. Kaia hat einen Tagtraum, in dem alles in sich zusammenfällt.
Eine echte Künstlerin	76–82	Kaia darf an einem Projekt zur Gestaltung einer Schulhofmauer mit Harry und Shadid teilnehmen. Jeder darf seine Vorstellungen rund um das Thema Schule aufmalen. Shadid und Harry sind begeistert von Kaias Bildern. Am Tag der besonderen Leistungen bekommt Kaia den Preis für ihr künstlerisches Talent. Kaia reagiert ungewöhnlich und muss sich kurz nach der Übergabe der Urkunde übergeben.
Pangramme und Algebra	82–84	Kaia versucht, wieder aktiver am Unterricht teilzunehmen. In Algebra stellt sie ihre eigene Formel für ihre aktuelle Situation auf.

6. Lebensregel

Kapitel	Seite	Inhalt
Weinen und Lachen	87–92	Kaia ist bemüht, sich für die Unterrichtsinhalte zu begeistern, bis Mr. Wills die Teilnahme am Fahrradkurs bekanntgibt: Shadid, Luzie, Deon, Angelica, Kaia und der Junge dürfen daran teilnehmen. Poppy regt sich auf und ruft Kaia nach Schulende erneut »Freak« hinterher. Doch Luzie und Angelica kommen Kaia zur Hilfe. Zu Hause findet Kaia eine weinende Mum vor. Sie ist traurig darüber, dass sie nichts von Kaias besonderer Leistung mitbekommen hat. Mum leert alle Flaschen vor Kaias Augen in den Abguss.
Magneten		Kaia sieht den Jungen als ihren allerbesten Freund, obwohl er noch nicht mit ihr geredet hat. Kaias Mum geht zu einer Gruppe, die Leuten hilft, die viel trinken. Luzie lädt Kaia in der Schule zum Spiel ein.

Kapitel	Seite	Inhalt
Pappmaschee	94–98	Während des Kunstunterrichts bemerkt Kaia, dass glückliche Momente das Eis allmählich brechen und sie nach und nach auftaut – bis Poppy bei der Verarbeitung der Zeitung zu Pappmaschee einen Zeitungsartikel findet. Sie liest ihn vor der gesamten Klasse laut vor: Die Ermittlung und die Umstände zum Tod von Moses White werden geschildert. Bei Kaia kommen Bilder ins Gedächtnis. Sie rennt aus dem Zimmer und übergibt sich in der Mädchentoilette. Luzie folgt ihr. Doch Kaia schließt sich in der Toilette ein und fühlt sich so, als würde sie jemand in den Gefrierschrank stecken.
Eine Tasse Tee	99–101	Der Engelsbruder Moses erscheint wieder und erklärt Kaia, dass sie ihn gehen lassen muss. Bevor Moses ein Engel war, brachte Mum Kaia jeden Morgen eine Tasse Tee ans Bett. Jetzt am Samstagmorgen bringt Mum ihr Tee ans Bett. Kaia erzählt ihr jedoch nichts davon, was am Tag zuvor in der Schule mit Poppy passiert ist. Dafür erzählt Mum von einem Vorstellungsgespräch und fragt Kaia nach ihren Hausaufgaben.

7. Lebensregel

Kapitel	Seite	Inhalt
Lieblingsbuch	105–110	Die Hausaufgabe lautet, dass jeder sein Lieblingsbuch nach den genannten Kriterien vorstellen soll. Kaia nimmt sich vor, ihr aktuelles Lieblingsbuch vorzustellen, sich selbst zu sein und einfach allen zu sagen, was sie fühlt, auch wenn sie alle für verrückt halten sollten. Die Buchvorstellung Kaias handelt von dem Sachbuch »Bäume Britanniens – ein illustriertes Handbuch« und von Moses, ihrem Bruder. Sie erzählt, warum gerade dieses Buch so wichtig für sie ist und welche Bedeutung es seit dem Tod ihres Bruders hat. Mr. Wills entschuldigt sich und merkt, dass er Kaia nicht genug Zeit gelassen hat, um über ihre Trauer hinwegzukommen.
Tannenzapfen	110–112	Die Rückmeldungen der Mitschüler/innen zur Buchvorstellung sind mitfühlend. Sie wissen nun, was in Kaia vor sich geht und ging. Nur für Poppy bleibt Kaia ein Freak. Auch wenn die Worte sie treffen, so merkt sie, dass ihre Narben heilen.
Sonnenblumenkerne	112–118	Drei Worte gehen Kaia durch den Kopf: Lass mich gehen! Sie fasst erneut einen Entschluss und möchte Sonnenblumenkerne im Schulgarten pflanzen. Gemeinsam mit Jo macht sie sich an die Arbeit. Diese Sonnenblumenkerne wollte Moses mit ihr pflanzen, um einen Garten anzulegen.

8. Lebensregel

Kapitel	Seite	Inhalt
Glück	121–123	Kaias Mum hat den Job bekommen. Sie feiern dieses Ereignis mit Cola und Essen vom Chinesen. Chinesisch war Moses Lieblingsessen. Außerdem beginnt der Fahrradkurs, und Kaia genießt den Frühling und das Gefühl, mit Freunden unterwegs zu sein.
Zusammenstoß	124–127	Am letzten Tag des Fahrradkurses sollen alle ihre neuen Fähigkeiten unter Beweis stellen. Sie machen alle gemeinsam eine große Tour mit den Rädern. Kaia bekommt Lob von den Trainern. Dann fährt sie mit dem Jungen einen Abhang hinunter. Der Helm rutscht ihr in den Nacken. Sie nimmt eine Hand vom Lenker, um ihn zurechtzurücken. Dabei kommt sie auf eine Ampel zu, die auf Gelb springt. Beinahe ungebremst rast sie in ein Auto hinein.

9. Lebensregel

Kapitel	Seite	Inhalt
Abschiede	131–139	Kaia wacht im Krankenhaus mit einem Bärenhunger auf. Sie spürt ihren Körper und weiß auch noch, was passiert ist. Der Junge ist nicht mehr da. Die Ärztin und ihre Mum erklären, dass sie alleine eingeliefert wurde. Auf einem Zettel findet sie die Worte: »Leb wohl, Freundin.« In den vier Wochen, in denen Kaia im Koma lag, ist es nun Sommer geworden. Ihre Mum hat angefangen zu arbeiten, und ihre Freunde haben sie regelmäßig besucht.

10. Lebensregel

Kapitel	Seite	Inhalt
Ende	143	Es ist Sommer. Der Winter und der Frühling sind vorüber. Kaia nimmt Wärme, Licht und die Vögel um sich herum wahr. Der Bergahorn streckt ihr seine Arme entgegen. Mum nimmt Kaia wieder wahr. Beide sehen sich an und tauschen ihr Lächeln aus.

FIGURENKONSTELLATION

i.5

Traumwelt

Bäume aller Art
- reale Bäume
- Kaia betrachtet diese gerne
- Lieblingsbuch »Bäume Britanniens«

Moses White
»Engelsbruder«
- älterer Bruder von Kaia
- ist verstorben
- erscheint Kaia in ihren Träumen
- redet mit ihr über ihre Situation

Junge
- kommt neu in die Klasse
- sitzt neben Kaia
- hört Kaia zu, spricht jedoch nur mit Mimik und Gesten mit ihr
- wird Kaias bester Freund

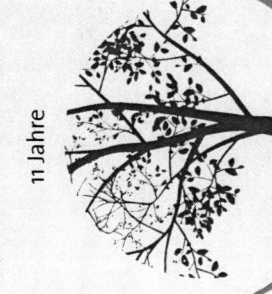

Kaia White

11 Jahre

Weitere Figuren
- Mitschüler Kaias: Dev, Deon, Angelica, Shadid
- Trainer des Fahrradkurses: Mary und Ben
- Krankenhauspersonal: Ärztin Dr. Sonogo, Krankenschwester Laura, Putzfrau

Wachwelt

Harry
Schulsozialarbeiter/-psychologe und Graffitikünstler
- stellt Kaia Fragen
- schreibt mit ihr Gedichte
- malt mit ihr Bilder
- beobachtet den Jungen

Jo
Schulgärtnerin
- lässt Kaia im Schulgarten mithelfen
- zeigt und erklärt Kaia alles rund um Pflanzen

Luzie
ehemalige Freundin
- will Kontakt zu Kaia aufbauen: lächelt sie an, lädt sie zum Spiel und zum Reden ein

»Mum« White
- trauert um ihren Sohn
- redet nicht mehr mit Kaia
- weint sehr viel
- trinkt sehr viel Alkohol
- verliert ihren Job

Mr. Wills
Klassenlehrer
- möchte, dass Kaia sich mehr auf den Unterricht konzentriert
- entschuldigt sich, als er bemerkt, wie es Kaia geht

Poppy
Mitschülerin
- betitelt und beschimpft Kaia regelmäßig als Freak
- entdeckt Zeitungsartikel im Kunstunterricht und liest ihn vor

WEITERFÜHRENDE LITERATURHINWEISE

Thematisch verwandte Jugendromane

- Lauren Oliver: **Wenn du stirbst, zieht dein ganzes Leben an dir vorbei, sagen sie.** Weinheim und Basel: Beltz & Gelberg, 2013.
  Wenn du stirbst, zieht dein ganzes Leben an dir vorbei, sagen sie, aber bei mir war es nicht so. – Was wäre, wenn heute dein letzter Tag wäre? Was würdest du tun? Wen würdest du küssen? Und wie weit würdest du gehen, um dein Leben zu retten? Samantha Kingston ist hübsch, beliebt, hat drei enge Freundinnen und den perfekten Freund. Der 12. Februar sollte eigentlich ein Tag werden wie jeder andere in ihrem Leben. Stattdessen ist es ihr letzter ...

- David Hill: **Bis dann, Simon.** Weinheim und Basel: Beltz & Gelberg, 2012.
  Nathan und Simon sind Freunde. Sie gehen in die gleiche Klasse und machen viel zusammen, so viel eben geht. Denn Simon sitzt im Rollstuhl. Er hat Muskelschwund. Eine Krankheit, an der er sterben wird. Bald. Aber das vergessen die Freunde manchmal. Dann sind andere Dinge einfach wichtiger: die Schule, die Mädchen, die Clique.

- Rachel Ward: **Numbers, den Tod im Blick.** Weinheim und Basel: Beltz & Gelberg, 2010.
  Augen, so heißt es, sind das Fenster zur Seele. Doch wenn Jem in fremde Augen blickt, sieht sie eine Zahl. Die Zahl ist ein Datum. Der Tag, an dem ihr Gegenüber sterben wird. Diese Gewissheit hat Jem seit dem Tod ihrer Mutter ...

Sachliteratur und Medien für Jugendliche

- Uwe Heimowski: **Ich will bei dir sein. Trost vor allem für trauernde junge Menschen.** Schwarzenfeld: Neufeld, 2007.
  »Ich will bei dir sein – du trauerst nicht allein« ist ein Geschenk der Anteilnahme von Mensch zu Mensch. In den Texten dieses mit Farbfotos illustrierten Bandes bleibt es nicht dabei – in das Dunkel von Schmerz und Trauer zieht ein Lichtstrahl der Geborgenheit in Gott, scheinen Worte des Trostes und der Zuversicht mitten im Leid. Für den Autor, als Pastor und Seelsorger immer wieder mit Trauer konfrontiert, war der tragische Tod seines jüngeren Bruders der Auslöser zur Arbeit an diesem Band: »Ich hoffe, dass er auch anderen Trauernden hilft, Trost zu finden.«

- Marie-Therese Schins: **Und wenn ich falle?** München: dtv, 2001.
  Jugendliche, die einen Verlust erlitten haben durch Trennung, Wegzug, Auflösung der Familie oder durch den Tod einer Person, die ihnen nahe stand, erzählen in diesem Reader von ihren Erfahrungen. Wie haben sie ihre Krise empfunden, was war am schlimmsten? Was hat weitergeholfen, wer und was getröstet? Welche Wege, ihre Trauer zu bekämpfen, waren gut, welche haben in die Irre geführt? Wie haben Freunde und Eltern reagiert?

Pädagogische und didaktische Literatur für Lehrer/innen

- Monika Specht-Tomann, Doris Tropper: **Wir nehmen jetzt Abschied. Kinder und Jugendliche begegnen Sterben und Tod.** Ostfildern: Patmos, 2011.
  Das Erleben von Verlusten unterschiedlicher Art gehört zu den kindlichen Erfahrungen, die nicht leicht zu bewältigen sind. Und doch: Abschiede, Trennungen, Verlust, Tod und Trauer gehören elementar zum Leben, sind gleichsam »Urerfahrungen«, die unser Leben von der Geburt bis zum Tod begleiten. Das Buch leitet an und befähigt, Kinder und Jugendliche auf die schmerzhaften Erfahrungen von Abschiednehmen und Trauer vorzubereiten und sie dabei zu begleiten. Die Autorinnen sensibilisieren für den natürlichen Zugang von Kindern zu Fragen nach Leben und Sterben. Sie wecken Verständnis für die besonderen Reaktionen der Kinder auf ganz unterschiedliche Verlusterfahrungen.

Lesezeichen und Zeilometer

1	1
2	2
3	3
4	4
5	5
6	6
7	7
8	8
9	9
10	10
11	11
12	12
13	13
14	14
15	15
16	16
17	17
18	18
19	19
20	20
21	21
22	22
23	23
24	24
25	25
26	26
27	27
28	28

TOM AVERY

DER SCHATTEN MEINES BRUDERS

GULLIVER

Dieses Lesezeichen hilft dir dabei, einzelne Textstellen zu finden oder dich mit deinen Mitschüler/innen über bestimmte Textstellen zu unterhalten: Lege dazu einfach das Zeilometer an den oberen Buchrand. Die Zahlen sind dann die jeweiligen Zeilen. Natürlich kannst du dein Zeilometer auch individuell gestalten.

»Ein Löwe unter Hyänen«

In Kaias Leben taucht ein Junge auf. Kaia und ihre Mitschüler nehmen den Jungen ganz unterschiedlich wahr …

1.

a) Im Kapitel »Starren ist gut« stehen der Junge, sein Verhalten und sein Aussehen im Fokus von Kaias Schilderungen. Schaue dir hierzu folgende Textausschnitte an und ordne sie den Oberbegriffen zu, indem du verbindest.

»... ein Sammelsurium aus Fundsachen ...«

»... höre ich, wie Dev ihn *Wilder* nennt.«   **Aussehen**

»Er ist wild.«

»Er hat Haare wie eine tiefe, sternenlose Nacht.«

»Sein Herumstreifen ...«   **Verhalten**

»Seine dunkelgrauen Augen ...«

b) Findest du weitere Textstellen im Buch, die den Jungen beschreiben? Notiere sie nach Aussehen und Verhalten sortiert in deinem Heft. Ergänze auch Seiten- und Zeilenangaben.

2.

Das Aussehen und das Verhalten des Jungen werden in diesem Kapitel mit einem »Löwen« verglichen. Was haben ein Löwe und der Junge gemeinsam? Warum könnte der Autor diese Worte gewählt haben? Sprecht in kleinen Gruppen über die Bedeutung.

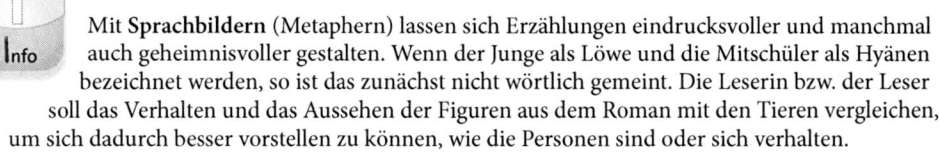

Info Mit **Sprachbildern** (Metaphern) lassen sich Erzählungen eindrucksvoller und manchmal auch geheimnisvoller gestalten. Wenn der Junge als Löwe und die Mitschüler als Hyänen bezeichnet werden, so ist das zunächst nicht wörtlich gemeint. Die Leserin bzw. der Leser soll das Verhalten und das Aussehen der Figuren aus dem Roman mit den Tieren vergleichen, um sich dadurch besser vorstellen zu können, wie die Personen sind oder sich verhalten.

3.

Auch Kaia wird von den anderen als anders wahrgenommen. Poppy, ihre Mitschülerin, nennt sie immer wieder »Freak«. Was ist deiner Meinung nach ein »Freak«? Warum könnte Kaia in Poppys Augen ein Freak sein? Ist Kaia denn in deinen Augen eine Art Freak? Sprecht in kleinen Gruppen darüber.

4.

a) Für Kaia ist es wohl so, als würde sie Selbstgespräche führen, wenn sie mit dem Jungen spricht. Stell dir vor, der Junge würde wirklich mit Kaia reden. Was würde er ihr dann antworten, sagen oder raten? Lies dazu die Seiten 37 bis 39 nochmals aufmerksam durch. Schreibe den Dialog zwischen Kaia und dem Jungen in deinem Heft auf.

b) Stellt diesen Dialog nach. Sucht auf den Seiten 37 bis 39 nach Stellen, die zeigen, was der Junge tut. Beziehst die Gestik und Mimik des Jungen in euer szenisches Spiel mit ein.

»Dann war Schluss mit ›wie immer‹«

Im Kapitel »Familie« beschreibt Kaia ihre aktuelle Situation zu Hause. Alles scheint sich verändert zu haben.

1. Welche Gedanken und Vorstellungen verbindest du mit dem Begriff »Familie«? Erstelle dazu einen Cluster in deinem Heft. Vergleiche deine Ergebnisse mit denen der anderen Schüler/innen.

> **Info** In einem **Cluster** sammelt man alle Assoziationen, die man zu einem Thema oder einem Begriff hat, ohne dabei bereits eine Ordnung nach Wichtigkeit und Zusammengehörigkeit vorzunehmen.

Familie

2. Kaias Familie hat sich stark verändert, seit der Bruder nicht mehr da ist. Auf den Seiten 30 bis 34 wird dies sehr deutlich von Kaia selbst beschrieben. Erstelle eine Tabelle in deinem Heft und stelle Kaias Familie, so wie sie »früher« war, der »jetzigen« Familiensituation gegenüber. Notiere die Seiten- und Zeilenangaben, wo du im Text fündig geworden bist.

Kaias Familie früher	Kaias Familie heute

3. Wie setzt sich deine eigene Familie zusammen? Wer gehört alles dazu? Was macht und unternehmt ihr gemeinsam? Erstelle eine Skizze in deinem Heft, die zeigt, wer zu deiner Familie gehört, und schreibe auf, was ihr gemeinsam macht.

4. Vergleiche deine eigenen Vorstellungen von Familie mit der jetzigen familiären Situation Kaias. Was fällt dir auf?

5. Warum äußert Kaia wohl, dass sie ihre Familie vermisst? Sprecht über Kaias Familiensituation und was sie damit meinen könnte.

6. So sah ein ganz normaler Tag für Kaia aus, bevor sie ihren großen Bruder verlor. Lies auf Seite 22 nach und schildere einen Tag aus Kaias Leben vor dem tragischen Ereignis in deinem Heft.

Morgens um sieben Uhr ging ich aus dem Haus ...

7. Kaia beschreibt auf Seite 22 sehr anschaulich, wie sie ihren Bruder auffindet. Für ihre Beschreibungen nutzt Kaia viele sprachliche Bilder und Vergleiche. Schreibe die Wörter und Aussagen aus dem Text heraus und ordne sie den Stilelementen Metapher oder Vergleich zu.

> **Info** **Vergleiche** werden oft in Gedichten verwendet, um bildhaft zu beschreiben, wie Dinge und Gegenstände sind. (Info zu Metapher auf **k.2**)

Mum hat ein neues Hobby

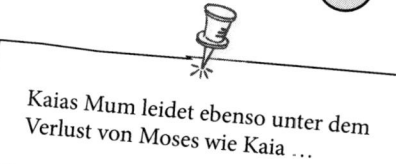

Kaias Mum leidet ebenso unter dem Verlust von Moses wie Kaia …

Info trauern – eine Definition aus dem Duden: seelischen Schmerz empfinden, betrübt sein und entsprechendes Verhalten zeigen.

1. a) Kaias Mum zerschlägt alles um sich herum. Was glaubst du, warum Kaias Mum dies tut? Ist es wirklich ihr Hobby? Lies das Kapitel »Hobby« (S. 44–48) nochmals aufmerksam und notiere stichpunktartig deine Gedanken.

_____

_____

b) Tauscht euch in kleinen Gruppen über eure Gedanken aus.

2. »Tief in mir drin schreie ich.« So zeigt Kaia ihre Reaktion auf die Verwüstungen ihrer Mum. Was ist der Unterschied zwischen den Ausbrüchen der Mutter und Kaias Reaktion? Führe hierzu in einer kleinen Gruppe ein Schreibgespräch.

Methode Ein **Schreibgespräch** funktioniert wie ein normales Gespräch. Allerdings darfst du dazu nur geschriebene Wörter benutzen. Alle Fragen, Ideen, Antworten und Anmerkungen, die du zu einer geschriebenen Aussage erwidern möchtest, musst du ebenfalls aufschreiben. Du darfst auch mit Verbindungslinien, Pfeilen usw. arbeiten. Als Material brauchst du ein Blatt in Plakatgröße und mehrere Stifte.

3. a) Kaia vergleicht sich mit einem Baum, genauer mit einer Rosskastanie. Welche Fragen stellt sich Kaia hierzu? Schreibe die Fragen in deinem Heft so auf, dass man versteht, was Kaia genau hinterfragt.

b) Worum geht es Kaia? Probiere, die Fragen zu beantworten.

4. Kaia und ihre Mum trauern auf unterschiedliche Weise. Was kann den beiden in ihrer jeweiligen Situation helfen? Was würdest du ihnen raten? Informiere dich zu den Themen Trauer, Trauerverarbeitung und Alkoholismus.

_____

_____

5. Lies die Definition zum Begriff »trauern«. Passt diese Erklärung zu Kaia und/oder ihrer Mutter?

_____

_____

»Luzie verlor mich«

Worte zu gebrauchen und Gespräche mit Freunden zu führen fällt Kaia nicht leicht.

1. Luzie ist eine »ehemalige« Freundin von Kaia. Warum bezeichnet Kaia sie so? Lies auf Seite 55 nach.

_____

_____

2. Auf dem Klassenausflug setzt sich Luzie beim Mittagessen neben Kaia. Sie versucht, mit Kaia ein Gespräch anzufangen. Doch Kaia sagt nichts.

Versuche dir vorzustellen, wie das Gespräch verlaufen wäre, wenn Kaia mit ihrer ehemals besten Freundin gesprochen hätte. Worüber würden sich die beiden unterhalten? Welche Fragen würde Luzie Kaia stellen? Schreibe den möglichen Gesprächsverlauf zwischen den beiden auf.

Luzie: Ich weiß nicht, was ich sagen soll, Kaia.

_____

_____

_____

_____

_____

_____

_____

_____

3. Luzie verlor mich.« – Eine Aussage, die sich so anhört, als hätte Kaia etwas verstanden oder eine logische Erklärung gefunden. Erkläre, was sie damit meinen könnte.

_____

_____

_____

»Du musst wachsen«

 **Info** Schau nochmals auf **k.3** nach, was mit Vergleichen und Metaphern gemeint ist.

> Kaia erscheint einmal mehr ihr Engelsbruder Moses. Moses sieht, dass Kaia bereits gewachsen ist.

1. Kaias Bruder spielt immer noch eine Rolle in Kaias Leben. Auch wenn er körperlich nicht mehr da ist, so erscheint er ihr als Engel im Traum. In diesem Teil des Buchs unterhalten sich die beiden über das »Wachsen«. Kaia meint mit diesem Begriff etwas ganz anderes als ihr Bruder. Lies die Seiten 63 und 64 nochmals aufmerksam durch und erkläre, was Kaia und Moses jeweils mit dem Begriff »wachsen« meinen.

Aussagen zum Thema »wachsen«	Seite, Zeile	deine Erklärung
Kaia: »Das Gefühl hatte ich nicht. Ich hatte seit einer Ewigkeit keine neuen Schuhe oder Hosen bekommen, nicht seit ich ihn zum letzten Mal in wachem Zustand gesehen hatte.«		
Moses: »›Nein‹, sagte er und legte die Hand auf seine Brust. ›Du wächst hier drin.‹«		

2. **a)** Kaia schreibt mit Harry ein Gedicht. Es heißt »Jetzt wächst sie« (S. 66). Erkläre kurz für jede Strophe, worum es in diesem Gedicht geht. Schreibe in dein Heft.

b) Finde alle Vergleiche, die in diesem Gedicht benutzt werden. Notiere deine Ergebnisse.

3. Welche Bedeutung hat das Gedicht aus deiner Sicht in Kaias aktueller Situation?

_____

_____

_____

_____

4. Welches Thema bewegt dich momentan? Schreibe ebenfalls ein Gedicht in deinem Heft dazu. Verwende Vergleiche wie Kaia in ihrem Gedicht.

»Bald ist Frühling, was?«

Jo, die Schulgärtnerin, zeigt Kaia, was es mit dem Wachstum von Pflanzen auf sich hat.

1. Jo ist die Schulgärtnerin und kümmert sich um die Pflanzen im Schulgarten. Kaia hält sich gern bei Jo auf und hilft ihr bei der Gartenarbeit. Kreuze an, ob die Aussagen wahr oder unwahr sind. Finde bei wahren Aussagen die richtige Textstelle dazu.

Aussage	wahr	unwahr	Textstelle
Jo trägt herrlich bunte Pullis.	◯	◯	(S. _____ , Z. _____)
Jo lächelt Kaia an.	◯	◯	(S. _____ , Z. _____)
Jo zeigt Kaia, wie man Bäume fällt.	◯	◯	(S. _____ , Z. _____)
Jo zeigt auf einen grünen Spross und sagt, dass der Frühling bald kommen würde.	◯	◯	(S. _____ , Z. _____)
Kaia möchte mit Jo Sonnenblumenkerne einpflanzen.	◯	◯	(S. _____ , Z. _____)
Wir können eine Garten-AG gründen.	◯	◯	(S. _____ , Z. _____)
Kaia will keine Garten-AG gründen.	◯	◯	(S. _____ , Z. _____)

2. Warum sucht Kaia Jo im Schulgarten gerne auf? Erkläre.

3. Die Schulgärtnerin Jo redet mit Kaia über die Pflanzen und ihr Wachstum. Sie erklärt ihr anhand eines grünen Sprosses, dass es bald Frühling wird. Kaia macht sich ihre eigenen Gedanken dazu. Sie schreibt in ihr Notizbuch: »Ich sehne mich nach dem Frühling, nach dem Ende des Frosts, dem Ende des bisher zehnmonatigen Winters.«
Schreibe deine Ideen, Gedanken und deine Vermutungen auf, was Kaia wohl mit diesem Satz ausdrücken möchte.

_____

_____

_____

4. Kaia sagt zwar kein Wort, doch sie ist trotzdem ganz außer sich, als Jo ihr erklärt, dass sie eine Garten-AG mit ihr gründen möchte. Welche Gefühlsregungen werden bei Kaia beschrieben?

_____

Tipp — **Hilfe zu Aufgabe 2:** Lies auch auf Seite 117/118 nach.

»Du bist ja eine echte Künstlerin«

Kaia meldet sich, um an einem besonderen Projekt mit Harry zu arbeiten …

1. Auf Seite 78 wird genau beschrieben, was Kaia zeichnet. Fertige eine Skizze von Kaias Bildidee an.

2. Kaia erwartet nach Beendigung der Zeichnungen eine negative Reaktion zu ihrer Skizze.

a) Was geschieht stattdessen? _____

_____

b) Wie reagiert Kaia auf die Äußerungen von Shadid? Erkläre.

_____

_____

3. Am »Tag der besonderen Leistungen« erhält Kaia für die Idee zur Gestaltung der Mauer auf dem Pausenhof eine Urkunde. Auch hier zeigt sie keine gewöhnliche Reaktion. Kaia wird übel. Versetze dich in Kaias Situation. Warum denkst du, fühlt sie sich in diesem Moment nicht wohl?

4. Was fällt dir zur Frage »Was bedeutet Schule für mich?« ein? Sammle erste Assoziationen und gestalte dazu eine Collage. Vergleicht eure Ergebnisse.

Info — Eine **Collage** ist eine gestalterische Technik, bei der unterschiedliche Bildelemente miteinander in Beziehung gesetzt werden. Wenn du dir also Zeitschriften und Kataloge anschaust, Bilder ausschneidest und diese zu einem neuen Bild zusammenfügst, entsteht eine Collage. Du kannst diese auch mit eigenen Zeichnungen, Bildern und Schrift ergänzen.

»Auftauen ist ein langsamer Prozess«

Kaia denkt während des Kunstunterrichts darüber nach, dass sie allmählich auftaut ...

1. Poppy liest vor der ganzen Klasse laut und betont diese Artikelfragmente vor. Schreibe einen vollständigen Zeitungsartikel so in dein Heft, wie er in der Tageszeitung nach dem Tod des Bruders hätte stehen können. Denke an die Überschrift und die W-Fragen (Wer, was, wann, wo, warum, weshalb?).

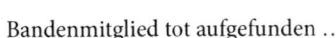

> Bandenmitglied tot aufgefunden …

> Moses Whites Familie wird weiterhin zu den Todesumständen befragt.

> … wurde gestern Nachmittag von seiner Familie tot aufgefunden.

> Polizei untersucht mysteriösen Tod eines Teenagers.

> Der Ermittlungsbeamte erklärte, dass beim derzeitigen Ermittlungsstand nichts ausgeschlossen werden könne.

2. Was denkt sich Poppy dabei, diese Ausschnitte aus der Zeitung lautstark vorzulesen? Stell dir vor, du bist eine der Mitschülerinnen oder einer der Mitschüler. Wie würdest du auf diese Aktion von Poppy reagieren? Tauscht euch über eure möglichen Reaktionen in der Gruppe aus.

3. **a)** Kaia verkriecht sich auf der Mädchentoilette. Sie will nicht mehr in die Klasse zurück und denkt stattdessen über ihre eigene Situation nach. Vergleiche die Aussagen miteinander. Welche Grundstimmung drücken sie aus?

_____

_____

b) Finde passende Adjektive, die die jeweilige Situation beschreiben. Schreibe in dein Heft.

Aussagen zu Beginn des Kapitels	Aussagen am Ende des Kapitels
1. Auftauen ist ein langsamer Prozess.	Auftauen ist ein langsamer Prozess.
2. Langsam, ganz langsam dringen warme Strahlen zu mir durch.	… besonders dann, wenn dich jemand wieder in den Gefrierschrank sperrt.
3. … glückliche Momente brechen das Eis.	Jetzt konnte keiner das Eis brechen.
4. Meine Tränen waren gefroren gewesen.	Keiner außer mir.
5. Mein Lachen taut langsam auf, meine Tränen sind schon getaut.	
Passende Adjektive:	Passende Adjektive:

»Warum ist es mein Lieblingsbuch?«

Kaia nimmt ihren Mut zusammen und stellt der Klasse ihr Lieblingsbuch vor.

1. Beantworte die Fragen zum Kapitel.

a) Wann hat Kaia Geburtstag?

_____

b) Wann ist der Todestag von Moses?

_____

c) Warum stellt Kaia ein Buch über Bäume als ihr Lieblingsbuch vor?

_____

d) Was hat Kaia zum Freak gemacht?

_____

e) Wie reagieren die Mitschüler auf Kaias Präsentation?

_____

f) Wie reagiert Mr Wills auf Kaias Buchvorstellung?

2. Hast du auch ein besonderes Lieblingsbuch, das dir persönlich wichtig ist? Berichte in der Gruppe darüber.

3. »Für mich bist du immer noch ein Freak.« – Diesen Satz wirft Poppy Kaia nach der Vorstellung des Buchs an den Kopf. Notiere, was Poppy damit meinen könnte.

_____

_____

4. Lies auf Seite 111 unten Zeile 24 bis 28 nochmals aufmerksam. Was wird hier beschrieben? Erkläre mit deinen Worten.

_____

_____

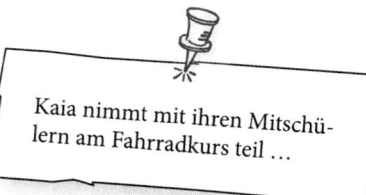

Kaia nimmt mit ihren Mitschülern am Fahrradkurs teil …

»Leb wohl, Freundin«

1. Hier findest du einige Textstellen aus dem 8. Kapitel. Manche Zitate musst du noch ergänzen. Nummeriere die Aussagen in der richtigen Reihenfolge des Buchs, sodass eine kurze Zusammenfassung des Kapitels entsteht.

☐ Am letzten Tag des Fahrradkurses stand _____ .	☐ Meine Mum hat den Job gekriegt.	☐ Es ging dort viel steiler hinab, als es heraufgegangen war.
☐ Dann begann der Fahrradkurs.	☐ »Du bist ein richtiger Tollpatsch, Kaia.«	☐ Ich bin mir sicher, dass ich noch nie so glücklich war.
☐ Ich fuhr mit dem Jungen ganz hinten; _____ war ein Stück vor uns.	☐ Um Mums Job zu feiern, haben wir beim Chinesen bestellt, und mit dem Essen wurde eine große Flasche Cola geliefert.	☐ Wir klatschten uns ab, wenn wir etwas richtig machten, und wir lachten, wenn wir uns blöd anstellten.
☐ Dann spürte ich die Berührung von Metall.	☐ Als wir die Hügelkuppe erreicht hatten, _____ .	☐ Mein Helm rutschte mir in den Nacken.
☐ Ja, ich hatte Freunde.	☐ Sie sagte, dass ich mich glücklich schätzen kann, _____ .	☐ Unsere Trainer sind auch ziemlich gut.

2. Bevor Kaia den Zusammenstoß mit dem Auto hat, wird deutlich beschrieben, wie sie sich fühlt. Lies die Seiten 124 bis 127 nochmals aufmerksam durch und notiere die Stellen, die Kaias Stimmung umschreiben, in deinem Heft.

3. Moses erscheint Kaia und verabschiedet sich von ihr. Was hat dieser Abschied zu bedeuten? Erkläre in deinem Heft.

4. Kaia muss einen weiteren Abschied hinnehmen. Ihr engster Vertrauter der letzten Wochen und Monate ist nicht mehr da. Alles, was der Junge zurücklässt, ist ein Stück Papier mit drei Worten. Was glaubst du, wie sich Kaia fühlt? Lies dazu den letzten Absatz auf der Seite 139. Tauscht eure Gedanken hierzu aus.

5. »Auf Wiedersehen« und »Leb wohl, Freundin« – Das sind zwei Abschiedsgrüße mit ganz unterschiedlicher Aussage. Erkläre diesen Unterschied.

6. Kaia bekommt viele Karten und Fotos von ihren Freunden, während sie im Koma liegt. Was haben die Leute Kaia geschrieben? Was für eine Abbildung ist auf der Bildseite zu sehen? Wähle dir eine der Personen Mr. Wills, Luzie, Harry, Jo, Shadid oder Angelica aus und gestalte eine Postkarte mit Bild und Text.

»Du hast so ein reizendes Lächeln«

Mum erkennt Kaias Lächeln wieder.

1. Lies das Kapitel »Ende« auf Seite 143. Der Autor baut hier eine besondere Stimmung auf. Wie würdest du diese Stimmung mit Worten umschreiben?

Wähle aus den vorgegebenen Aussagen die aus, die deiner Meinung nach die Stimmung am besten umschreibt. Ergänze diese mit deinen eigenen Ideen.

hoffnungsvoller Blick in die Zukunft	beruflicher Erfolg
fröhliches Miteinander	sommerliche Wärme
Freude am Leben	herzliche Beziehung zwischen Mutter und Tochter

2. Schreibe alle Aussagen aus dem Kapitel in deinem Heft auf, die etwas über die Stimmung aussagen.

3. a) »Ende« – Passt diese Überschrift zum Inhalt? Notiere deine Meinung und begründe sie.

b) Wie könnte die Überschrift zu diesem Kapitel denn noch heißen? Schreibe auch hierzu deine Ideen auf und begründe sie. Vergleicht eure Ideen in der Gruppe.

4. a) Stell dir vor, Kaia kramt nach einem Jahr das gelbe Notizbuch wieder hervor. Nachdem sie in ihren Notizen geblättert und gelesen hat, schreibt sie auf, wie es ihr jetzt geht und was in diesem einen Jahr alles geschehen ist. Versetze dich in Kaias Situation und verfasse den Notizbucheintrag.

Tipp

Diese Anregungen können dir helfen:
- Wie fühlt sich Kaia jetzt?
- Ist sie »gewachsen«?
- Was denkt sie heute über den Jungen?
- Ist sie noch traurig, dass ihr Bruder nicht mehr da ist?
- Wie geht es Kaias Mum?
- Hat sie die Garten-AG mit Jo gegründet?
- Wird sie von Poppy noch Freak genannt?
- Mit wem ist sie befreundet?
- Schreibstil: Schreibt Kaia immer noch mit vielen Metaphern und Vergleichen?

b) Stelle dein Ergebnis in der Klasse vor.

»Der Schatten meines Bruders« im Unterricht © Beltz Verlag · Weinheim und Basel

Feedback-Bogen

Du hast dich nun intensiv mit den Inhalten und den Figuren aus dem Buch „Der Schatten meines Bruders" auseinandergesetzt. Mithilfe der nachfolgenden Fragen sollst du nochmals auf die Geschichte zurückblicken und deine Meinung zum Roman von Tom Avery äußern und begründen.

1. Welche Figur aus dem Buch gefiel dir am besten? _____

Warum? _____

2. Welche Stelle im Buch fandest du am besten? Warum?

_____

_____

3. Welche Stelle im Buch war für dich am schlimmsten? Warum?

_____

_____

4. Gibt es etwas an dem Buch, was dir besonders in Erinnerung bleiben wird?

_____

_____

_____

5. Was denkst du: Ist der Junge real? Begründe deine Meinung.

_____

_____

_____

6. Wem würdest du das Buch weiterempfehlen? Warum?

_____

_____

_____

7. Was ist deine Meinung dazu? Kreuze an.

	stimmt total	stimmt	stimmt zum Teil	stimmt nicht
a) Kaias Gedanken und Handeln konnte ich gut nachvollziehen.	◯	◯	◯	◯
b) Kaia ist selbst dafür verantwortlich, dass sie keine Freunde mehr hat.	◯	◯	◯	◯
c) Ich würde mich an der Stelle der Mitschüler und Lehrer genauso verhalten.	◯	◯	◯	◯
d) Der Junge hilft Kaia dabei, ihre Trauer zu überwinden.	◯	◯	◯	◯
e) Kaias Mutter verhält sich zu Beginn der Geschichte nicht wie eine richtige Mutter.	◯	◯	◯	◯
f) Ich kann einen trauernden Menschen nun besser verstehen.	◯	◯	◯	◯
g) Ich habe das Buch gerne gelesen.	◯	◯	◯	◯
h) Ich finde die Themen des Buches interessant.	◯	◯	◯	◯

8. Begründe nun deine Einschätzung zu den Aussagen:

a) _____

b) _____

c) _____

d) _____

e) _____

f) _____

g) _____

h) _____

9. Wie fandest du das Buch insgesamt? Begründe deine Antwort.

☐ sehr gut   ☐ gut   ☐ geht so   ☐ nicht so gut   ☐ schlecht

_____

_____

10. Tauscht euch in der Klasse über eure Meinungen zum Buch aus.

Lösungsvorschläge

K.2 1. a) **Textstellen mit Seiten- und Zeilenangaben:** »... ein Sammelsurium aus Fundsachen ...« (S. 18, Z. 25); »... höre ich, wie Dev ihn *Wilder* nennt.« (S. 19, Z. 6); »Er ist wild.« (S. 19, Z. 18); »Er hat Haare wie eine tiefe, sternenlose Nacht.« (S. 19, Z. 20/21); »Sein Herumstreifen ...« (S. 20, Z. 26); »Seine dunkelgrauen Augen ...« (S. 20, Z. 28)
b) **Weitere Textstellen im Buch:** »... dieser wilde Junge war zu anders, zu wild, zu besonders.« (S. 23, Z. 11); »Er gab keine Antwort.« (S. 26, Z. 28); »... sein kantiges Gesicht – die spitze Nase, die dicken, schwarzen Augenbrauen, das markante, vorspringende Kinn – ...« (S. 27, Z. 3 f.)

K.3 2. **Kaias Familie »jetzt«:** »Außer mir gibt es nur noch eine Person in meiner Familie.« (S. 30, Z. 22); »Wir unterhalten uns, aber wir reden nicht miteinander.« (S. 31, Z. 16); »Jetzt ist unsere Küche kahl, die Schränke sind leer, abgesehen von [...] all den vollen und halbvollen Flaschen – Flaschen, die ich nicht anrühre.« (S. 31, Z. 22 ff.)
Kaias Familie »früher«: »Ich weiß noch, wie viel bei uns gelacht wurde.« (S. 31, Z. 28)

7. • Erinnerung ist schräg.
   • Schlüsselloch saugt wie ein hungriges Monster meinen Schlüssel ein.
   • Schlüssel brennt wie Eis auf meiner Haut.

• Der Atem in der Lunge friert.
• Der Frost unter den Füßen knackt.
• ... dass ich meine Worte im Nebel über mir schweben sehen kann.
• Eingebrannt in mein Gedächtnis.
• Der Teppich ist getränkt.

K.4 3. Die Fragen könnten so formuliert sein:
• Zu S. 47, Z. 28: Was gibt es da zu zählen, wenn man mich aufschneidet?
• Zu S. 47, Z. 28 ff.: Würde man in mir ein dickes, fettes Geheimnis, groß wie ein Buch, finden?
• Zu S. 48, Z. 2: Zeigt unser Schmerz unser Alter?
• Zu S. 48, Z. 7: Ich möchte wachsen, aber werden meine Narben mit mir wachsen?
• Zu S. 48, Z. 8: Werden meine Narben heilen?

K.7 1. Jo trägt herrlich bunte Pullis. (wahr, Textstelle: S. 52, Z. 20); Jo lächelt Kaia an. (wahr, Textstelle: S. 52, Z. 26); Jo zeigt Kaia, wie man Bäume fällt. (unwahr); Jo zeigt auf einen grünen Spross und sagt, dass der Frühling bald kommen würde. (wahr, Textstelle: S. 53, Z. 24 f.); Kaia möchte mit Jo Sonnenblumenkerne einpflanzen. (wahr, Textstelle: S. 115, Z. 17 f.); Wir können eine Garten-AG gründen. (wahr, S. 115, Z. 24); Kaia will keine Garten-AG gründen. (unwahr)

K.11 1.

⑨ Am letzten Tag des Fahrradkurses stand der Frühling in voller Blüte. (S. 124, Z. 3)	① Meine Mum hat den Job gekriegt. (S. 121, Z. 11)	⑬ Es ging dort viel steiler hinab, als es heraufgegangen war. (S. 126, Z. 6)
③ Dann begann der Fahrradkurs. (S. 121, Z. 22)	⑧ »Du bist ein richtiger Tollpatsch, Kaia.« (S. 123, Z. 8 f.)	⑩ Ich bin mir sicher, dass ich noch nie so glücklich war. (S. 124, Z. 17)
⑪ Ich fuhr mit dem Jungen ganz hinten; Luzie war ein Stück vor uns. (S. 125, Z. 19)	② Um Mums Job zu feiern, haben wir beim Chinesen bestellt, und mit dem Essen wurde eine große Flasche Cola geliefert. (S. 121, Z. 14 f.)	⑦ Wir klatschten uns ab, wenn wir etwas richtig machten, und wir lachten, wenn wir uns blöd anstellten. (S. 122, Z. 25)
⑮ Dann spürte ich die Berührung von Metall. (S. 127, Z. 20)	⑫ Als wir die Hügelkuppe erreicht hatten, gabelte sich die Straße. (S. 126, Z. 3)	⑭ Mein Helm rutschte mir in den Nacken. (S. 126, Z. 28 f.)
⑥ Ja, ich hatte Freunde. (S. 122, Z. 16)	⑤ Sie sagte, dass ich mich glücklich schätzen kann, so einen tollen großen Bruder zu haben. (S. 122, Z. 9)	④ Unsere Trainer sind auch ziemlich gut. (S. 121, Z. 26)